Unia Genosis

ROSEN-KRIEG - Vierzehnter Band

AF814793

Unia Genosis

ROSEN-KRIEG - Vierzehnter Band

"war of the roses" / "guerre des roses"

Goldene Rakete Verlag für Belletristik

Imprint

Cover image: www.ingimage.com

Publisher:
Goldene Rakete Verlag für Belletristik
is a trademark of
International Book Market Service Ltd., member of OmniScriptum Publishing Group
17 Meldrum Street, Beau Bassin 71504, Mauritius

Printed at: see last page
ISBN: 978-620-2-44586-3

Inhaltsverzeichnis:

I. Erinnerung (2019):

1. Schreiben des Amtsgerichts an die Kanzlei „Wohlsein“:[1]

In Sachen
G. ./. A.

Sehr geehrte Damen und Herren Rechtsanwälte,

es wird zunächst auf Ihre Erinnerung vom 11.11.2019 gegen den Beschluss vom 22.10.2019 Bezug genommen.

Es wird beabsichtigt dieser Erinnerung nicht abzuhelfen. Das Vollstreckungsgericht ist befugt, einstweilige Anordnungen gem. § 732 II ZPO zu veranlassen, wenn über die Erinnerung gem. § 766 ZPO noch nicht abschließend entschieden werden kann. Dies ist hier der Fall. Ihre Erinnerung ist insoweit unbegründet.

Die einstweilige Einstellung nach § 732 II ZPO bewirkt, dass weder an den Schuldner noch an die Gläubigerin ausgezahlt wird, sodass für keinen ein Nachteil eintritt.

Es wird um Mitteilung gebeten, ob Ihre Erinnerung gegen den Beschluss vom 22.10.2019 zurückgenommen wird.

---
[1] 15.11.2019

Sodann wird auf Ihr Schreiben vom 14.11.2019 Bezug genommen.

Gem. § 398 BGB kann eine Forderung von einem Gläubiger durch Vertrag auf einen anderen übertragen werden (Abtretung).

Gem. 107 BGB bedarf der Minderjährige für Willenserklärungen, welche nicht lediglich rechtlich vorteilhaft sind, der Einwilligung des gesetzlichen Vertreters. Die Abtretung ist nicht lediglich rechtlich vorteilhaft. Das Kind konnte somit nicht ohne Einwilligung der gesetzlichen Vertreter die Abtretung erklären.

Gem. § 1629 I 2 BGB sind die Eltern gemeinschaftlich vertretungsberechtigt. Sie können jedoch gem. § 1629 II BGB das Kind insoweit nicht vertreten, wie ein Vormund von der Vertretung ausgeschlossen ist.

Hier wird auf § 1795 BGB verwiesen. Gem. § 1795 II in Verbindung mit § 181 BGB ist die Kindesmutter von der Vertretung des Kindes ausgeschlossen. Der Kindesvater wäre gem. § 1796 BGB von der Vertretung des Kindes ausgeschlossen.

Zum Wirksamwerden der Abtretungserklärung hätte demnach beim Familiengericht ein Ergänzungspfleger bestellt werden müssen.

Laut Ihrem Schreiben hat die Mutter aus eigener Tasche die Unterhaltsbeiträge geleistet. Zwar ist der Unterhaltsanspruch des Kindes damit nicht erfüllt worden, da die Mutter ihre Vorleistung nicht mit dem Willen erbracht hat, im Sinne von § 267 I BGB den Vater von seiner Leistungspflicht zu entlasten, jedoch liegt die weitere Geltendmachung des rückständigen Unterhaltsanspruchs des Kindes lediglich in deren eigenem Interesse, damit sie selbst einen Ausgleich dafür erhalte, dass sie den Bedarf des Kindes in Vorleistung für den Vater gedeckt hat. Da jedoch die Verfahrensbeistandschaft endete, kann die Mutter nicht für das Kind und auch nicht im eigenen Namen aus dem Titel vollstrecken.

Jedoch könnte der Kindesmutter ein eigener familienrechtlicher Ausgleichsanspruch gegen den Vater zustehen. Denn in allen nicht von § 107 II 1 BGB erfassten Fällen, in denen die Mutter anstelle des leistungsfähigen, aber nicht zahlungswilligen Vaters in Vorlage tritt, kann sie sich nicht auf einen gesetzlichen Forderungsübergang berufen.

Sie kann allenfalls einen von der Rechtsprechung entwickelten familienrechtlichen Ausgleichsanspruch gegen den Vater geltend machen. Der Regressanspruch steht der Mutter selbständig zu; sie ist also nicht darauf angewiesen, dass das Kind seinen Unterhaltsanspruch einzieht und das Geld an die Mutter abführt. Jedoch muss die Mutter sich hierfür selbst einen Titel beschaffen, weil ihr mangels Forderungsübertragung verwehrt ist, die Umschreibung eines bestehenden Titels über den Kindesunterhalt zu beantragen.

Hier ist somit keine Rechtsnachfolge gegeben. Zudem ist auch keine Rechtsnachfolgeklausel auf dem Titel angebracht.

Es wird um Stellungnahme binnen einer Woche gebeten.

Mit freundlichen Grüßen

Rechtspflegerin

Beglaubigt

Justizobersekretärin

2. Schreiben der Kanzlei „Wohlsein“ an die Kindesmutter:[2]

Zwangsvollstreckung

G. ./. A.

Sehr geehrte Frau G.,

in oben benannter Angelegenheit erhalten Sie das Schreiben des Amtsgerichts vom 15.11.2019 zur Kenntnisnahme.

Die Frist zur Stellungnahme werden wir um eine Woche, also bis zum 02.12.2019 verlängern lassen.

Frau Rechtsanwältin wird nach ihrer Urlaubsrückkehr ab dem 25.11.2019 unaufgefordert auf die Angelegenheit zurückkommen.

Mit freundlichen Grüßen
Für die urlaubsabwesende RAin

(Rechtsanwalt)

[2] 19.11.2019

3. Schreiben der Kindesmutter an die Kanzlei „Wohlsein“:[3]

Sehr geehrte Damen und Herren,

anbei zur Kenntnisnahme.

Anmerkungen bzw. Fragen an den Rechtsanwalt:

- der Antrag auf Berichtigung des Beschlusses vom 04.07.2019 erfolgte lediglich aufgrund der Nichtzustellbarkeit an die Drittschulder-Bank (wegen Fusionierung mit der Bank AG)

- die Erinnerung wurde nur aufgrund des nachträglich (im August 2019 gestellten) Antrags auf "Berichtigung" des Pfändungs- und Überweisungsbeschlusses getätigt

- könnte mit Rückzug des Antrages auf Berichtigung die Fortsetzung des Beschlusses vom 04.07.2019 fortgesetzt werden?

- kann eine Rechtspflegerin / ein Rechtspfleger das Gerichtsurteil einer Richterin / eines Richters aufheben?

- wer entscheidet schlussendlich über die Erinnerung des Schuldners und wann fällt die Entscheidung?

[3] 23.11.2019

- wie verhält es sich mit dem sog. "familienrechtlichen Ausgleichsanspruch gegen den Vater"?

- wie kann ein Titel für den sog. "Regressanspruch" der Mutter geltend gemacht werden?

Mit freundlichen Grüßen

Kindesmutter

4. Schreiben der Kanzlei „Wohlsein" an die Kindesmutter:[4]

In Sachen: G. ./. A.

Sehr geehrte Damen und Herren,

anliegendes Dokument übersenden wir Ihnen mit der Bitte um Öffnung und Kenntnisnahme.

Mit freundlichen Grüßen

i.A. Rechtsanwaltsgehilfin
Kanzlei Wohlsein

[4] 26.11.2019

5. Schreiben der Rechtsanwältin an die Kindesmutter:[5]

Zwangsvollstreckung

G. ./. A.

Sehr geehrte Frau G.,

bezugnehmend auf Ihre E-Mail vom 23.11. teile ich Ihnen das folgende mit:

Die Nichtzustellung an die Drittschuldnerin Bank hat keinen Einfluss auf den weiteren Verlauf insofern, als die Gegenseite Erinnerung eingelegt hat. Zurzeit wird wegen der einstweiligen Einstellung der Zwangsvollstreckung aufgrund der durch den Schuldner eingelegten Erinnerung nicht vollstreckt. Dies ist auch dem letzten gerichtlichen Hinweisschreiben vom 15.11. zu entnehmen. Über die Erinnerung des Schuldners wird gerichtlich entschieden. Das Gericht hat im Übrigen mitgeteilt, dass die von hier aus eingelegte Erinnerung gegen die von hier aus eingelegte Erinnerung gegen die einstweilige Einstellung der Zwangsvollstreckung als unbegründet abgewiesen werden wird, sollte sie nicht von uns zurückgenommen werden.

Die Schwierigkeit besteht vorliegend darin, dass der Titel, aus dem bis zur Volljährigkeit Ihrer Tochter hätte vollstreckt werden können, nun nicht

[5] 26.11.2019

mehr von Ihnen in eigener Person zur Zwangsvollstreckung verwendet werden kann, da Sie keine Verfahrensbeistandschaft mehr innehaben. Dies hatte ich Ihnen auch telefonisch bereits mitgeteilt. Es stellt sich hier nun dasselbe Problem wie bei dem weiteren noch offenen Betrag (€ 1.382,-), wie in unserem Schreiben vom 26.06.2019 bereits dargelegt, dass sich hier nach Eintritt der Volljährigkeit nur noch der familiengerichtliche Ausgleichsanspruch anbietet.

Da Sie mir zuletzt mitgeteilt hatten, dass Ihre Tochter zu einer Abtretung der ihr zustehenden Ansprüche bereits sei, war zunächst der Weg der Vollstreckung aus der Jugendamtsurkunde eingeschlagen worden. Da dies nun nicht möglich erscheint, wäre zu überlegen, ob nun beide noch offenen Beträge im Wege des außen familienrechtlichen Ausgleichsanspruchs gerichtlich geltend gemacht werden sollen. Ich bitte hierzu um Ihre zeitnahe Rückmeldung, da uns eine Frist zur Stellungnahme bis zum **2. Dezember gesetzt** worden ist.

Gerne können Sie mich dazu auch telefonisch erreichen.

Mit freundlichen Grüßen

(Rechtsanwältin)

II. Ausgleichsanspruch:

1. Schreiben der Kindesmutter an die Rechtsanwältin:[6]

In Sachen: G. ./. A.

Sehr geehrte Frau Rechtsanwältin,

hiermit bitte ich Ihrem Vorschlag gemäß darum, "beide noch offenen Beträge im Wege des außen familienrechtlichen Ausgleichsanspruch gerichtlich geltend" zu machen.

Mit freundlichen Grüßen

Kindesmutter

[6] 26.11.2019

2. <u>Schreiben der Kindesmutter an die Rechtsanwältin:</u>[7]

Sehr geehrte Frau Rechtsanwältin,

ein weiteres Argument für die gerichtliche Geltendmachung beider bzw. aller noch offener Beträge (**€ 2.506,00 + € 1.382,00 = € 3.888,00**) ist, dass die Ansprüche ansonsten mit Ablauf dieses Kalenderjahres verjähren würden.

Zur Zahlung der **Unterhaltsrückstände i. H. v. 3.888,- €** wurde die Gegenseite bereits mit Schreiben vom 08.04.2019 (**mit Fristsetzung bis zum 18.04.2019**) bzw. vom 23.04.2019 (**mit Fristsetzung bis zum 15.05.2019**) vergeblich aufgefordert.

Bitte lassen Sie mir Ihren Entwurf des Schreibens an das Gericht zeitnah zukommen.

Mit freundlichen Grüßen

Kindesmutter

---

[7] 26.11.2019

3. <u>Schreiben der Rechtsanwältin an die Kindesmutter:</u>[8]

Sehr geehrte Frau G.,

wunschgemäß werde ich die klageweise Geltendmachung der noch offenen Beträge vorbereiten, damit die Verjährung unterbrochen werden kann. Ich bitte zu beachten, dass wir für die einzelnen Positionen beweisbelastet sind und daher die Positionen detailliert berechnet und belegt werden müssen.

Des Weiteren scheint die Gegenseite zur Zeit nicht zahlungsfähig zu sein. Sie hatten angedeutet, dass sich zurzeit auch negative Auswirkungen auf die Versorgung ihrer Tochter im Haushalt des Vaters zeigen.

Hierzu sollten wir gegebenenfalls noch einmal telefonieren.

Im Übrigen bitte ich um Mitteilung, ob die eingelegte Erinnerung zurückgenommen werden soll. Vielen Dank.

Mit freundlichen Grüßen

Rechtsanwältin

[8] 28.11.2019

4. Schreiben der Kindesmutter an die Rechtsanwältin:[9]

Sehr geehrte Frau Rechtsanwältin,

a) zur Zahlungsfähigkeit der Gegenseite:

erstens liegen ja noch die vollstreckten/gepfändeten 2.506,00 EUR bereit, über die das Gericht erst noch per Entscheid zu befinden hat, indem die gegnerische Erinnerung behandelt wird, zweitens gibt es da noch immer die "vermögende" (Ex)Schwiegermutter, die seit über 50 Jahren für die stets anfallenden Schulden ihres übergewichtigen Söhnchens einzuspringen pflegt.

Meine Tochter befindet sich in den letzten Zügen inmitten des Abiturs und plant, unmittelbar nach ihrem Schulabschluss "Reißaus" zu nehmen, um endlich ihren gewünschten Studiengang aufnehmen zu können.

b) Zur eingelegten Erinnerung:

meiner Ansicht nach sollte diese nicht zurück genommen werden, sondern die gerichtliche Entscheidung über die Erinnerung des Gegners abgewartet werden.

Ich erwarte Ihre baldige klageweise Geltendmachung der noch offenen Beträge zur Unterbrechung der Verjährung und die detaillierte Berechnung und Belegung der beweisbelasteten Positionen.

---

[9] 28.11.2019

Der Schriftsatz vom 08.04.2019 an die gegnerische Seite dürfte hier einen guten Überblick gewähren.

Mit freundlichen Grüßen

Kindesmutter

5. Schreiben der Kindesmutter an die Rechtsanwältin:[10]

Aktenzeichen

Eilt:

Fristsetzung zur Stellungnahme bis zum 2. Dezember 2019!!!

[10] 29.11.2019

6. Schreiben der Kindesmutter an die Rechtsanwältin:[11]

Betreff: Aktenzeichen

Eilt: Frist zur Stellungnahme: 2. Dezember 2019 (heute)!!!

Sehr geehrte Frau Rechtsanwältin,

seit Ende letzter Woche warte ich auf den Entwurf der Stellungnahme zwecks Korrektur bzw. Freigabe.

Wird er mich denn heute erreichen, sodass er auch noch rechtzeitig rausgehen kann?

Mit freundlichen Grüßen

Kindesmutter

---

[11] 02.12.2019

7. Schreiben der Kanzlei „Wohlsein“ an die Kindesmutter:[12]

In Sachen: G. ./. A.

Sehr geehrte Damen und Herren,

anliegendes Dokument übersenden wir Ihnen mit der Bitte um Öffnung und Kenntnisnahme.

Mit freundlichen Grüßen

i.A. Rechtsanwaltsgehilfin
Kanzlei Wohlsein

[12] 02.12.2019

8. Schreiben der Kanzlei „Wohlsein“ an das Amtsgericht:[13]

Vorab per Telefax
Eilt sehr!!!! Bitte sofort vorlegen!!!!
Frist: 02.12.2019

In Sachen

G.

- Kanzlei „Wohlsein“ -

./.

A.

danken wir für die gerichtlichen Hinweise sowie die gewährte Fristverlängerung. Nach Rücksprache mit der Gläubigerin teilen wir mit, dass diese die Erinnerung nicht zurücknehmen wird.

Die Rechtsanwälte
der Kanzlei „Wohlsein“
durch:

(Rechtsanwältin)

[13] 02.12.2019

9. Schreiben der Kindesmutter an die Rechtsanwältin:[14]

Sehr geehrte Frau Rechtsanwältin,

vielen Dank für die Zusendung des Schriftsatzes zur Stellungnahme.

Die klageweise Geltendmachung der noch offenen Beträge zur Unterbrechung der Verjährung scheint demnach nicht an die heutige Frist gebunden zu sein.

Werden Sie mir den Entwurf dazu noch zukommen lassen?

Mit freundlichen Grüßen

Kindesmutter

[14] 02.12.2019

10. Schreiben der Rechtsanwältin an die Kindesmutter:[15]

Sehr geehrte Frau G.,

die heute ablaufende Frist betrifft das gerichtliche Schreiben, in dem zum einen darauf hingewiesen wurde, dass nicht beabsichtigt sei, der von unserer Seite eingelegten Erinnerung abzuhelfen. Die einstweilige Einstellung soll also bis zur Entscheidung über die Erinnerung des Gläubigers aufrecht erhalten bleiben.

Zum anderen wird in dem gerichtlichen Schreiben darauf hingewiesen, dass die Vollstreckung der Rückstände seit Volljährigkeit nicht mehr möglich ist. Hierzu hatte ich Ihnen bereits ausführlich (zuletzt am 26.11.) geschrieben und um Mitteilung gebeten, ob vor diesem Hintergrund die Erinnerung zurückgenommen werden soll.

Zu beiden Punkten wurde um Stellungnahme gebeten. Sie teilten per Mail am 28.11. mit, dass die Erinnerung nicht zurückgenommen werden soll. Dementsprechend habe ich einen Schriftsatz diesen Inhalts gefertigt und bitte um kurzfristige Mitteilung, ob dieser versendet werden soll.

Sie haben uns beauftragt, die Unterhaltsbeträge im Wege des familienrechtlichen Ausgleichsanspruchs geltend zu machen. Dies ist ein anderes familienrechtliches Verfahren. Auch hier habe ich bereits mitgeteilt, dass wir darlegungs- und beweispflichtig sind. Das bedeutet, dass wir darlegen und belegen müssen, welche Beträge für die in Rede

[15] 02.12.2019

stehende Zeit vom Kindesvater geschuldet waren und in welcher Höhe Sie hierfür eingetreten sind. Ich kann nur vortragen, was mir durch Sie mitgeteilt wurde. Angesichts des Umfangs der in der Vergangenheit liegenden Angelegenheit kann ich bis morgen keine Berechnung anfertigen. Hierfür bitte ich höflich um Verständnis.

Für Rückfragen stehe ich gerne auch telefonisch zur Verfügung.

Mit freundlichen Grüßen

Rechtsanwältin

11. Schreiben der Kindesmutter an die Rechtsanwältin:[16]

Sehr geehrte Frau Rechtsanwältin,

ja, der Schriftsatz kann so versendet werden.

Ja, Sie haben mein vollstes Verständnis dafür, dass die Berechnung nicht bis morgen angefertigt werden kann.

Nur sollte sie noch vor Jahresablauf fertig gestellt werden, um die Verjährung zu unterbrechen.

Mit freundlichen Grüßen

Kindesmutter

---

[16] 02.12.2019

12. <u>Schreiben der Kanzlei „Wohlsein“ an die Kindesmutter:</u>[17]

In Sachen: G. ./. A.

Sehr geehrte Damen und Herren,

anliegendes Dokument übersenden wir Ihnen mit der Bitte um Öffnung und Kenntnisnahme.

Mit freundlichen Grüßen

i.A. Rechtsanwaltsgehilfin
Kanzlei Wohlsein

[17] 03.12.2019

13. Schreiben der Kanzlei „Wohlsein" an die Kindesmutter:[18]

In Sachen: G. ./. A.

Sehr geehrte Frau G.,

in vorbezeichneter Angelegenheit erhalten Sie unseren heutigen Schriftsatz zur Kenntnisnahme.

Über den weiteren Vorgang werden wir Sie selbstverständlich informiert halten.

Mit freundlichen Grüßen

Rechtsanwältin

[18] 02.12.2019

14. Schreiben der Kanzlei „Wohlsein" an das Amtsgericht:[19]

Vorab per Telefax
Eilt sehr!!!! Bitte sofort vorlegen!!!!
Frist: 02.12.2019

In Sachen

G.

- Kanzlei „Wohlsein" -

./.

A.

danken wir für die gerichtlichen Hinweise sowie die gewährte Fristverlängerung. Nach Rücksprache mit der Gläubigerin teilen wir mit, dass diese die Erinnerung nicht zurücknehmen wird.

Die Rechtsanwälte
der Kanzlei „Wohlsein"
durch:

(Rechtsanwältin)

[19] 02.12.2019

III. Verjährungsfrist:

1. Schreiben der Kindesmutter an die Rechtsanwältin:[20]

EILT!!!

VERJÄHRUNGSFRIST!!!

Ablauf Kalenderjahr 2019!!!

familienrechtlicher Ausgleichsanspruch

Sehr geehrte Frau Rechtsanwältin,

nun sind es nur noch zwei Kalenderwochen bis Weihnachten etc. bzw. bis zur **Verjährungsfrist mit Ablauf des Kalenderjahres**.

Daher möchte ich Sie hiermit darum bitten bzw. daran erinnern, die Berechnung für den familienrechtlichen Ausgleichsanspruch zeitnah anzufertigen.

[20] 05.12.2019

Sollte das Gericht die Zwangsvollstreckung aufgrund der Erinnerung des Schuldners vollständig einstellen, geht es um Unterhaltsrückstände in Höhe von **3.888,00 EUR** (vgl. Ihre Schreiben vom 08.04. und 23.04.2019).

Sollte das Gericht die Zwangsvollstreckung jedoch nicht einstellen, ginge es um die gerichtliche Geltendmachung des noch ausstehenden Betrages von **1.382,00 EUR** (vgl. Ihr Schreiben z.B. vom 26.11.2019).

Mit freundlichen Grüßen

Kindesmutter

2. Schreiben der Kanzlei „Wohlsein" an die Kindesmutter:[21]

In Sachen: G. ./. A.

Sehr geehrte Frau G.,

in vorbezeichneter Angelegenheit erhalten Sie in der Anlage den Antrag für die Erklärung über die persönlichen und wirtschaftlichen Verhältnisse mit der Bitte diesen auszufüllen und mit Belegen versehen nach hier zurückzusenden.

Des Weiteren übersenden wir Ihnen den Entwurf unseres vorbereiteten Antrags an das Amtsgericht Altenkirchen mit der Bitte um kritische Durchsicht und Mitteilung etwaiger Änderungs- und/oder Ergänzungswünsche.

Mit freundlichen Grüßen

Rechtsanwältin

[21] 09.12.2019

3. Schreiben der Kanzlei „Wohlsein“ an das Amtsgericht:[22]

ENTWURF

Antrag auf Bewilligung von Verfahrenskostenhilfe
Antrag aus familienrechtlichem Ausgleichsanspruch

Frau G.

- Antragstellerin -

Prozessbevollmächtigte Kanzlei „Wohlsein“ -

gegen

Herrn A.

- Antragsgegner –

Wegen: Rückforderung Kindesunterhalt.

Verfahrenswert: € 2.506,00

---

[22] 02.12.2019

Wir zeigen an, dass wir die Antragstellerin vertreten.

Es wird zunächst **beantragt,**

der Antragstellerin Verfahrenskostenhilfe zu bewilligen und die Unterzeichnerin zur vorsorglich unentgeltlichen Wahrnehmung ihrer Rechte beizuordnen.

In der Sache selbst werden wir beantragen, **wie folgt zu beschließen:**

4. **Der Antragsgegner zahlt an die Antragstellerin im Wege des familienrechtlichen Ausgleichsanspruchs € 2.406,00 nebst Zinsen in Höhe von 5 Prozentpunkten über dem Basiszinssatz seit dem 26.04.2019 zu zahlen,**

5. **Der Antragsgegner stellt die Antragstellerin von vorgerichtlichen Rechtsanwaltskosten in Höhe von € frei.**

6. **Der Antragsgegner trägt die Kosten des Rechtsstreits.**

7. **Den Beschluss notfalls gegen Sicherheitsleistung, die auch durch Bank- oder Sparkassenbürgschaft erbracht werden kann, für vorläufig vollstreckbar zu erklären,**

8. **Hilfsweise für den Fall des Unterliegens der Antragstellerin nachzulassen, die Zwangsvollstreckung durch Sicherheitsleistung, die auch durch Bank- oder Sparkassenbürgschaft erbracht werden kann, abzuwenden.**

Wir bitten außerdem,

uns eine vollständige und, soweit möglich, vollstreckbare Beschlussausfertigung zu erteilen,

sowie den Zeitpunkt der Zustellung des Beschlusses zu bescheinigen.

Gründe:

I. Sachverhalt:

Die Beteiligten sind geschiedene Eheleute und haben zwei gemeinsame Kinder:

Die älteste Tochter

Und die jüngere Tochter.

Bis zu Ihrem Obhutwechsel zu September 2016 lebte die Tochter Lena bei der Antragstellerin und wurde von dieser betreut. Der Antragsgegner hatte bezüglich der zu zahlenden Kinder Unterhaltsbeträge im Jahr 2011 eine Jugendamtsurkunde erstellen lassen, in der

Anlage K 1

in Kopie vorgelegt wird.

Trotz der Verpflichtung zum Barunterhalt leistete der Antragsgegner für die folgenden Zeiträume keinerlei Unterhaltszahlungen für die gemeinsame älteste Tochter:

Januar 2016:
Letztmalige Unterhaltszahlung des Beteiligten zu 2. In Höhe von € 334,-, nach DT 2015 statt € 355,- nach DT 2016 => fehlender Differenzbetrag = **€ 21,00.**

Februar bis August 2016:
Offene Unterhaltszahlungen des Beteiligten zu 2.: 7 x € 355 = **€ 2.485,00**

Insgesamt besteht mithin ein Unterhaltsrückstand aus 2016 in Höhe von **€ 2.506,00**. Dieser Betrag wird hiermit im Wege des familienrechtlichen Ausgleichsanspruchs geltend gemacht.

II. Rechtliche Bewertung:

Die Voraussetzungen des familienrechtlichen Ausgleichsanspruchs liegen vor:

1. Da die minderjährige gemeinsame Tochter bis Ende August 2016 bei der Antragstellerin als Kindesmutter lebte und von dieser betreut wurde, traf den Antragsgegner für diesen Zeitraum die Barunterhaltspflicht gemäß ^{33} 1601, 1606, 1609 Absatz 1 Nr. 1 BGB.

2. Da der Antragsgegner für die oben genannten Monate keine Geldleistungen erbracht hat, musste diese Unterhaltslast zunächst von der Antragstellerin auf sich genommen werden.

3. Die Voraussetzungen des § 1613 Abs. 1 BGB liegen vor: Wegen der Titulierung der Unterhaltsansprüche in der Jugendamtsurkunde (§§ 59 I Nr. 3, 60 SGB VIII) waren diese jeweils zu Monatsbeginn fällig. Der Antragsgegner befand sich wegen Kalenderfälligkeit ohne Mahnung gem. § 286 II BGB im Verzug.

4. Vorgerichtlich war der Antragsgegner letztmalig mit Schreiben vom 12.04.2019 unter Fristsetzung bis zum 25.04.2019 aufgefordert worden. Da diese Frist fruchtlos verstrichen ist, ist nunmehr Klage geboten.

5. Mit dem Antrag zu Ziffer 2 werden die außergerichtlichen anwaltlichen Kosten als notwendige Rechtsverfolgungs-/Verzugskosten geltend gemacht. Der Antragsgegner befand sich zu diesem Zeitpunkt mit den verfahrensgegenständlichen Unterhaltszahlungen im Verzug.

Die Erklärung über die persönlichen und wirtschaftlichen Verhältnisse wird in der Anlage überreicht. Sollte das Gericht weiteren Sachvertrag für erforderlich halten, wird höflich um einen entsprechenden Hinweis gebeten.

Die Rechtsanwälte
der Kanzlei „Wohlsein“
durch:
(Rechtsanwältin)

9. Schreiben der Kindesmutter an die Rechtsanwältin:[23]

Aktenzeichen

Sehr geehrte Frau Rechtsanwältin,

vielen Dank für die Zusendung des Antrags für die Erklärung über die persönlichen und wirtschaftlichen Verhältnisse. Gerne sende ich diese ausgefüllt und mit Belegen versehen zurück (vgl. nächstes Schreiben), gehe jedoch davon aus, dass einem VKH- bzw. PKH-Antrag nicht stattgegeben wird.

Möglicherweise sollte daher auch der Antrag auf Bewilligung von Verfahrenskostenhilfe von vornherein innerhalb der Antragsschrift an das Amtsgericht entfallen (Blatt 1: Überschrift, Blatt 2: erster Abschnitt, Blatt 4: letzter Abschnitt).

Vielen Dank auch für die Übersendung des Entwurfes Ihres vorbereiteten Antrags an das Amtsgericht mit der Bitte um kritische Durchsicht und Mitteilung etwaiger Änderungs- und/oder Ergänzungswünsche.

Zunächst einmal bitte ich darum, den Verfahrenswert (gemäß Ihren Forderungen an die Gegenseite vom 08.04.2019 und 23.04.2019) auf die errechnete Gesamtsumme i. H. v. **€ 3.888,00** anzuheben (Blatt 1:

[23] 09.12.2019

letzte Zeile, Blatt 2: Antragspunkt 1, Blatt 3: Ergänzung um die fehlenden **€ 1.382,00** gemäß Ihres Schreibens vom 26.11.2019).

Weitere Ergänzungswünsche:

- Auf Blatt 2 fehlt innerhalb des 2. Antragspunktes die noch zu benennende Summe.
- Auf Blatt 3 im ersten Abschnitt in Satz 2 ist die Jahreszahl unvollständig: statt 201 müsste das Jahr 2011 lauten. Statt „der zu zahlenden Kinder Unterhaltsbeträge“ sollte es besser heißen: „der zu zahlenden Kindesunterhaltsbeträge“.
- Auf Blatt 4 unter Punkt 4 sind die Daten verkehrt aufgeführt. Es müsste heißen: mit Schreiben vom 08.04.2019 unter Fristsetzung bis zum 18.04.2019 und letztmalig mit Schreiben vom 23.04.2019 mit Fristsetzung bis zum 15.05.2019 aufgefordert worden.
- Auf Blatt 4 unter Punkt 5 fehlt das Wort „sich“ (der Antragsgegner befand sich zu diesem Zeitpunkt ...).

Dringende Änderungswünsche:

- Auf Blatt 3 in Abschnitt 1 sollte es wie folgt umformuliert werden: der offizielle Obhutswechsel der ältesten Tochter konnte erst – wie innerhalb der Gerichtsverhandlung vom 29.08.2016 beschossen bzw. vereinbart worden war - zum Monat September 2016 erfolgen.
- Auf Blatt 3 im vorletzten Abschnitt sollte ähnlich formuliert werden: Da die minderjährige gemeinsame älteste Tochter Lena erst NACH Abschluss der Gerichtsverhandlung am 29.08.2016 offiziell den Obhutswechsel in die väterliche Wohnung zum Monat September 2016 vornehmen durfte usw.

Mit freundlichen Grüßen

Kindesmutter

10. Schreiben der Kindesmutter an die Rechtsanwältin:[24]

Sehr geehrte Frau Rechtsanwältin,

anbei sende ich die ausgefüllten Formulare (VKH I-IV)

mitsamt Belegen (in der richtigen Reihenfolge).

Mit freundlichen Grüßen

Kindesmutter

Anlagen:

- VKH I
- VKH II
- VKH III
- VKH IV
- Urkunde
- Belege 2 und 3
- Belege 4 und 5
- Gehalt 2019
- Belege 7 und 8

[24] 09.12.2019

- Versicherungen
- Wohngebäude
- Kfz-Versicherung
- Belege 12 und 13
- Belege 14 und 15
- Belege 16 und 17
- Briefmarken
- Beleg 18
- Kaufpreis
- Kaufvertrag
- Meldebescheinigung
- Schornsteinfeger
- Propangas
- Briketts
- Beleg 25
- Abfallgebühren
- Belege 27 und 28
- Vorschussrechnung
- Belege 30 und 31
- Heizung
- Handwerker
- Dachdecker
- Essensgeld Kind I
- Essensgeld Kind II
- Essensgeld Kind III
- Getränkegeld Kinder II-IV
- Handwerkerkosten

11. Schreiben der Kindesmutter an die Rechtsanwältin:[25]

Sehr geehrte Frau Rechtsanwältin,

anbei noch die Ergänzungen

bzw. Abzüge vom heutigen Tage (Belege im Anhang).

Mit freundlichen Grüßen

Kindesmutter

Anlagen:

- Kfz-Reparaturkostenbeleg
- Aktualisierter Kontostand

[25] 10.12.2019

12. Schreiben der Kindesmutter an die Kanzlei „Wohlsein":[26]

Sehr geehrte Frau Rechtsanwaltsgehilfin,

bitte bestätigen Sie mir den Eingang meiner Unterlagen.

Mit freundlichen Grüßen

Kindesmutter

[26] 10.12.2019

13. Schreiben der Kanzlei „Wohlsein“ an die Kindesmutter:[27]

In Sachen: G. ./. A.

Sehr geehrte Damen und Herren,

anliegendes Dokument übersenden wir Ihnen mit der Bitte um Öffnung und Kenntnisnahme.

Mit freundlichen Grüßen

i.A. Rechtsanwaltsgehilfin
Kanzlei Wohlsein

[27] 11.12.2019

14. Schreiben der Kanzlei „Wohlsein“ an die Kindesmutter:[28]

G. ./. A.

Sehr geehrte Frau G.,

in oben bezeichneter Angelegenheit nehme ich auf Ihre E-Mail vom 09.12.2019 Bezug:

Zunächst ist es so, dass ein Unterschied besteht zwischen der Rückforderung zu viel geleisteter Unterhaltsbeträge und dem Anspruch auf Zahlung von rückständigem Unterhalt.

Die von Ihnen unter Vorbehalt geleisteten Zahlungen dürften von der Gegenseite im damaligen Zeitraum bereits verbraucht worden sein.

Zumindest gehe ich davon aus, dass die Gegenseite den Einwand der Entreicherung erheben wird.

Dies hatte ich Ihnen schon erläutert.

Der Einwand der Entreicherung kann nur dann nicht erhoben werden, wenn nach dem Verständnis aller Beteiligten die geleisteten Zahlungen definitiv zu Unrecht geflossen sind.

[28] 11.12.2019

Da sich Ihre Tochter in dem Zeitraum von Juni bis August eigenmächtig aus Ihrer Betreuung in Obhut begeben hat und sodann entschieden hat bei ihrem Vater zu leben (dies entnehme ich dem Bericht der Dipl.-Psych. Vom 29.06.2016) könnte es durchaus sein, dass die Gegenseite davon ausgeht, dass Sie für diesen Zeitraum barunterhaltspflichtig waren, da faktisch die Betreuung nicht mehr durch Sie erfolgt ist.

Insofern sehe ich hier ein Problem voraus.

Wenn wir nun in diesem Verfahren die zu viel gezahlten Unterhaltsbeträge zusätzlich einfordern, erhöht sich der Verfahrenswert, was wiederum kostenrechtliche Konsequenzen für Sie haben dürfte.

Ich habe daher den „sichereren Weg“ genommen, um die Rückstände wegen Nichtzahlung geltend zu machen.

Mit freundlichen Grüßen

(Rechtsanwältin)

15. Schreiben der Kindesmutter an die Rechtsanwältin:[29]

Sehr geehrte Frau Rechtsanwältin,

Ihr gestriges Schreiben habe ich zur Kenntnis genommen.

Mit der Bitte um Zusendung des aktualisierten Entwurfs

und um die Eingangsbestätigung der VKH-Unterlagen.

Mit freundlichen Grüßen

Kindesmutter

[29] 12.12.2019

16. Schreiben der Kanzlei „Wohlsein“ an die Kindesmutter:[30]

Sehr geehrte Kindesmutter

ich nehme Bezug auf Ihre E-Mail vom 12.12.2019

und bestätige den Eingang der VKH-Unterlagen.

Mit freundlichen Grüßen

i.A. Rechtsanwaltsgehilfin

Kanzlei „Wohlsein“

[30] 13.12.2019

17. Schreiben Kindesmutter an die Kanzlei „Wohlsein“:[31]

Sehr geehrte Frau Rechtsanwaltsgehilfin,

vielen herzlichen Dank dafür.

Mit freundlichen Grüßen

Kindesmutter

---

[31] 13.12.2019

18. Schreiben der Rechtsanwältin an die Kindesmutter:[32]

Sehr geehrte Kindesmutter,

in der Anlage übersende ich Ihnen den Entwurf

mit der Bitte um Durchsicht und Freigabe bei Gutbefund.

Vielen Dank.

Mit freundlichen Grüßen

Rechtsanwältin

Kanzlei „Wohlsein“

[32] 16.12.2019

19. Schreiben der Kanzlei „Wohlsein“ an das Amtsgericht:[33]

ENTWURF

Antrag auf Bewilligung von Verfahrenskostenhilfe
Antrag aus familienrechtlichem Ausgleichsanspruch

Frau G.

- Antragstellerin -

Prozessbevollmächtigte Kanzlei „Wohlsein“ -

gegen

Herrn A.

- Antragsgegner –

Wegen: Rückforderung Kindesunterhalt.

Verfahrenswert: € 2.506,00

Wir zeigen an, dass wir die Antragstellerin vertreten.

[33] 16.12.2019

Es wird zunächst **beantragt,**

der Antragstellerin Verfahrenskostenhilfe zu bewilligen und die Unterzeichnerin zur vorsorglich unentgeltlichen Wahrnehmung ihrer Rechte beizuordnen.

In der Sache selbst werden wir beantragen, **wie folgt zu beschließen:**

1. **Der Antragsgegner zahlt an die Antragstellerin im Wege des familienrechtlichen Ausgleichsanspruchs € 2.406,00 nebst Zinsen in Höhe von 5 Prozentpunkten über dem Basiszinssatz seit dem 26.04.2019 zu zahlen,**

2. **Der Antragsgegner stellt die Antragstellerin von vorgerichtlichen Rechtsanwaltskosten in Höhe von 334,75 € frei.**

3. **Der Antragsgegner trägt die Kosten des Rechtsstreits.**

4. **Den Beschluss notfalls gegen Sicherheitsleistung, die auch durch Bank- oder Sparkassenbürgschaft erbracht werden kann, für vorläufig vollstreckbar zu erklären,**

5. **Hilfsweise für den Fall des Unterliegens der Antragstellerin nachzulassen, die Zwangsvollstreckung durch Sicherheitsleistung,**

die auch durch Bank- oder Sparkassenbürgschaft erbracht werden kann, abzuwenden.

Wir bitten außerdem,

uns eine vollständige und, soweit möglich, vollstreckbare Beschlussausfertigung zu erteilen,

sowie den Zeitpunkt der Zustellung des Beschlusses zu bescheinigen.

Gründe:

I. Sachverhalt:

Die Beteiligten sind geschiedene Eheleute und haben zwei gemeinsame Kinder:

Die älteste Tochter

Und die jüngere Tochter.

Bis zu Ihrem Obhutwechsel zu September 2016 lebte die Tochter Lena bei der Antragstellerin und wurde von dieser betreut. Der Antragsgegner hatte bezüglich der zu zahlenden Kinderunterhaltsbeträge im Jahr 2011 eine Jugendamtsurkunde erstellen lassen, in der

Anlage K 1

in Kopie vorgelegt wird.

Trotz der Verpflichtung zum Barunterhalt leistete der Antragsgegner für die folgenden Zeiträume keinerlei Unterhaltszahlungen für die gemeinsame älteste Tochter:

Januar 2016:
Letztmalige Unterhaltszahlung des Beteiligten zu 2. In Höhe von € 334,-, nach DT 2015 statt € 355,- nach DT 2016 => fehlender Differenzbetrag = **€ 21,00.**

Februar bis August 2016:
Offene Unterhaltszahlungen des Beteiligten zu 2.: 7 x € 355 = **€ 2.485,00**

Insgesamt besteht mithin ein Unterhaltsrückstand aus 2016 in Höhe von **€ 2.506,00**. Dieser Betrag wird hiermit im Wege des familienrechtlichen Ausgleichsanspruchs geltend gemacht.

II. Rechtliche Bewertung:

Die Voraussetzungen des familienrechtlichen Ausgleichsanspruchs liegen vor:

1. Der offizielle Obhutswechsel der Tochter erfolgte erst aufgrund der Gerichtsverhandlung vom 29.08.2016 zum Monat September 2016. Damit traf den Antragsgegner unstreitig für den Zeitraum bis August 2016 die

Barunterhaltspflicht gemäß [33] 1601, 1606, 1609 Absatz 1 Nr. 1 BGB.

2. Da der Antragsgegner für die oben genannten Monate keine Geldleistungen erbracht hat, musste diese Unterhaltslast zunächst von der Antragstellerin auf sich genommen werden.

3. Die Voraussetzungen des § 1613 Abs. 1 BGB liegen vor: Wegen der Titulierung der Unterhaltsansprüche in der Jugendamtsurkunde (§§ 59 I Nr. 3, 60 SGB VIII) waren diese jeweils zu Monatsbeginn fällig. Der Antragsgegner befand sich wegen Kalenderfälligkeit ohne Mahnung gem. § 286 II BGB im Verzug.

4. Vorgerichtlich war der Antragsgegner letztmalig mit Schreiben vom 12.04.2019 unter Fristsetzung bis zum 25.04.2019 aufgefordert worden. Da diese Frist fruchtlos verstrichen ist, ist nunmehr Klage geboten.

5. Mit dem Antrag zu Ziffer 2 werden die außergerichtlichen anwaltlichen Kosten als notwendige Rechtsverfolgungs-/Verzugskosten geltend gemacht. Der Antragsgegner befand sich zu diesem Zeitpunkt mit den verfahrensgegenständlichen Unterhaltszahlungen im Verzug.

Die Erklärung über die persönlichen und wirtschaftlichen Verhältnisse wird in der Anlage überreicht. Sollte das Gericht weiteren Sachvertrag für erforderlich halten, wird höflich um einen entsprechenden Hinweis gebeten.

Die Rechtsanwälte

der Kanzlei „Wohlsein“

durch:

(Rechtsanwältin)

20. Schreiben der Kindesmutter an die Rechtsanwältin:[34]

Sehr geehrte Frau Rechtsanwältin,

wie ich bereits am 09.12.2019 mitteilte, gehe ich davon aus, dass mir eher keine Verfahrenskostenhilfe bewilligt werden wird.

Es sollte daher auf den Antrag auf Bewilligung von Verfahrenskostenhilfe evtl. von vornherein verzichtet werden (vgl. Blatt 1: Überschrift, Blatt 2: erster Abschnitt, Blatt 4: letzter Abschnitt).

Vielen Dank für die erneute Übersendung des Entwurfes des vorbereiteten Antrags an das Amtsgericht.

Anbei die Mitteilung meiner etwaigen Änderungs- und/oder Ergänzungswünsche:

Auf Blatt 2 unter Punkt 5 befindet sich noch ein überflüssiges Zeichen im Wort „**Sicherheits-leistung**".

Auf Blatt 4 unter Punkt 4 sind nach wie vor die Daten verkehrt aufgeführt.

Es müsste heißen: **mit Schreiben vom 08.04.2019 unter Fristsetzung bis zum 18.04.2019 und letztmalig mit Schreiben vom 23.04.2019 mit Fristsetzung bis zum 15.05.2019 aufgefordert worden**.

[34] 16.12.2019

Auf Blatt 3 in Abschnitt 1 sollte dringend wie folgt umformuliert werden: **„der offizielle Obhutswechsel der ältesten Tochter konnte erst – wie innerhalb der Gerichtsverhandlung vom 29.08.2016 vereinbart worden war – zum Monat September 2016 erfolgen.“**

Mit freundlichen Grüßen

Kindesmutter

21. Schreiben der Rechtsanwältin an die Kindesmutter:[35]

Sehr geehrte Kindesmutter,

die Frage, ob Ihnen Verfahrenskostenhilfe bewilligt wird, kann ich von hier aus nicht beantworten. Dies entscheidet das Gericht.

Daher bitte ich um Information, ob der Antrag gestellt werden soll oder ob Sie auf ihn verzichten möchten.

Mit freundlichen Grüßen
Rechtsanwältin

[35] 16.12.2019

22. Schreiben der Kindesmutter an die Rechtsanwältin:[36]

Sehr geehrte Frau Rechtsanwältin,

wenn Sie den Wortlaut ohnehin schon im Text stehen haben und die Anlagen zudem auch bereits vollständig ausgefüllt und beigefügt sind, kann das Gericht meinetwegen auch gerne darüber befinden, ob der Antrag bewilligt wird oder eben auch nicht.

Mit freundlichen Grüßen
Kindesmutter

[36] 16.12.2019

FSC
www.fsc.org
MIX
Papier | Fördert gute Waldnutzung
FSC® C083411

Kolibri 360 GmbH
Ferdinand-Jühlke-Straße 7
99095 Erfurt, Deutschland
produktsicherheit@kolibri360.de

Druck:
CPI Druckdienstleistungen GmbH
im Auftrag der
Kolibri 360 GmbH
Ferdinand-Jühlke-Str. 7
99095 Erfurt